Ritter

1-

Die Deutsche Bibliothek – CIP-Einheitsaufnahme

Ritter / Stewart Ross. Mit Ill. von McRae Books. Aus dem Engl. von Angelika Eisold-Viebig. – München : F. Schneider, 1996
(Wie waren sie wirklich?)
ISBN 3-505-10410-8

Originaltitel: Knights
Übersetzung aus dem Englischen: Angelika Eisold-Viebig

An Aladdin Book
Designed and produced by
Aladdin Books Ltd
28 Percy Street
London W1P 9FF
Illustrationen:
Susanna Addario, Carlo Ferrantini, Francesca D'Ottavi,
Paola Holguín, Lorenzo Pieri, Claudia Saraceni,
Roberto Simoni, Donato Spedaliero, Thomas Troyer –
McRae Books, Florence, Italy
Lektorat: Renate Navé
Satz: FIBO Lichtsatz GmbH, München
Printed in Belgium
ISBN 3-505-10410-8

WIE WAREN SIE  WIRKLICH?

Stewart Ross

Ritter

Mit Illustrationen von *McRae Books*

Aus dem Englischen von Angelika Eisold-Viebig

SCHNEIDER BUCH

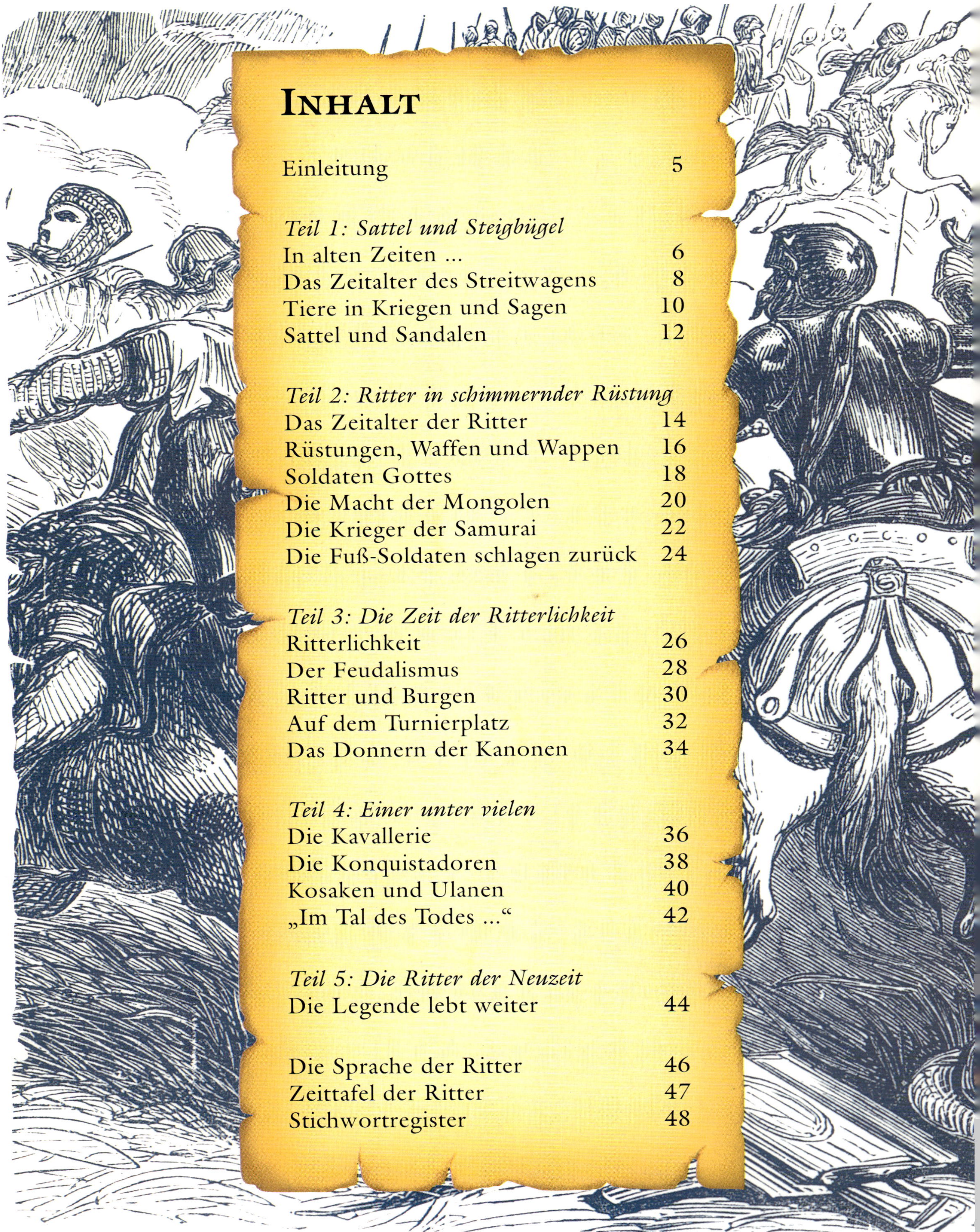

Inhalt

Einleitung

Eine Staubwolke am Horizont. Das Geräusch von donnernden Hufen. Ein Wiehern. Lautes Rufen. Der Geruch von Schweiß und Leder. Gleich erfährst du mehr über die mächtigste Partnerschaft in der Geschichte, nämlich die von Roß und Reiter.

Zusammen haben Roß und Reiter ganze Reiche erobert und Städte gebaut. Sie sind bis ans Ende der Welt gereist und haben überall von ihren Errungenschaften und Heldentaten erzählt. Der Hund mag unser bester Freund sein, doch das Pferd war immer der größte Verbündete des Menschen.

Das Reiten findet sich in jeder Kulturform. Allein mit dem Wort „Pferd" verbinden wir viele Vorstellungen, und heutzutage benutzen wir Worte wie „Sporen", „Sattel" und „Zügel", ohne dabei an ihre ursprüngliche Bedeutung zu denken.

Am faszinierendsten ist sicher das Bild des Ritters in schimmernder Rüstung. Wir denken an König Artus oder auch an Sir Lancelot, die ein herrliches, weißes Tier ritten, tapfer in den Schlachten waren und sich gleichzeitig am Hofe zu benehmen wußten. Sie stellten den Inbegriff der Ritterlichkeit dar!

Aber waren die normalen, echten Ritter wirklich so mutig und edel?

Lies weiter, dann wirst du herausfinden, wo die Tatsachen enden und die Sagen beginnen!

In alten Zeiten ...

Die Kraft, Anmut und Schönheit von Pferden faszinierte die Menschen schon seit jeher. Bilder von Wildpferden schmücken die Wände von Höhlen aus der Steinzeit (*links*). Doch über Tausende von Jahren hinweg waren Pferde nicht nur Reittiere, sondern auch Nahrung. Sie wurden wegen ihres Fleisches und der Knochen gejagt! Dann, vor etwa 15.000 Jahren, begannen Nomadenstämme in Zentralasien damit, Pferde abzurichten. Es dauerte nicht lange, dann gab es viele verschiedene Rassen, einschließlich feuriger Araber, schwerer Streitrösser und kleiner Ponys.

Pferderennen waren ein Teil der ersten urkundlich verzeichneten Olympischen Spiele (776 v. Chr.).

Aber erst mit der Entwicklung von Sattel und Zaumzeug – auch das geschah in Zentralasien – wurde die einzigartige Partnerschaft zwischen Pferd und Mensch so bedeutungsvoll.

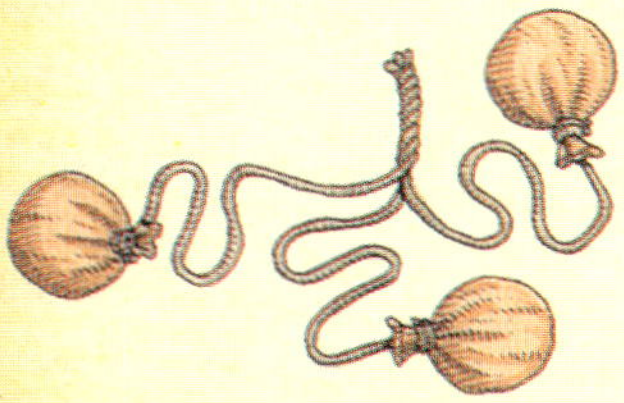

Mahlzeit!
Die Steinzeitmenschen (unten) schätzten Pferde aus einem anderen Grund als wir heutzutage – sie aßen sie! Größere Tiere wie z. B. Mammuts zu jagen, war schwierig und gefährlich. Pferde waren da einfacher zu fangen und lieferten ausreichend Fleisch. Die Jäger benutzten Speere und Wurfschlingen (oben), das waren mit Stricken verbundene Steine, die nach den Beinen des Tieres geworfen wurden und es zu Fall brachten.

VOM NAHRUNGSMITTEL ZUM FREUND

Sobald die Menschen gelernt hatten, Pferde zu zähmen, setzten sie sie bei ihren Kriegszügen ein. Wandmalereien aus der Zeit um 1400 v. Chr. zeigen die Hethiter beim Abrichten von Pferden. Zuerst zogen nur einzelne Pferde jeweils einen Wagen. Dann wurden Pferde zusammengespannt, um größere Wagen mit höherer Geschwindigkeit ziehen zu können (S. 8).

Die mongolischen Wildpferde
Ungefähr um 1880 wurde die letzte Art von Wildpferden – Equus przewalskii *– in den Steppen von Zentralasien entdeckt. Diese Pferderasse ist der, die in der Steinzeit gejagt wurde, sehr ähnlich.*

RITTER BEI DEN ALTEN GRIECHEN

Schon bevor die Kavallerie im Krieg wichtig wurde, stellte das Pferd ein Symbol von Macht und Autorität dar.

Im alten Athen war die Bevölkerung in Freie, Halbfreie und Sklaven unterteilt (rechts). Unter den Freien wiederum bildeten die *Hippeis* (griech. für „Reiter") die zweithöchste Vermögensklasse. Sie waren der Adel, die „Ritter".

PLATZ FÜR DIE KAVALLERIE!

Lange Zeit blieben Infanterie und Wagen die besten Streitkräfte. Doch sobald das einzelne Pferd durch Sattel und Zaumzeug eine stabile Kampfposition bot, wurden die aufwendigen Streitwagen nicht mehr gebraucht, und die Infanterie verlor ihre Vormachtstellung.

Während der nächsten 500 Jahre entwickelte sich der Ritter zu Pferde zum wichtigsten militärischen Statussymbol. Selbst heutzutage hat die Kavallerie in jedem Festzug ihren Platz (*links*).

Edle Wildpferde (links)
Die Kraft des Wildpferdes – zwei Hengste kämpfen um die Rolle des Leittieres der Herde. Selbst Zuchtpferde lassen sich nicht so einfach reiten. Um ein Wildpferd zu besteigen, muß der Reiter viel Mut und Können besitzen.

Die Lady von Shalott. Der heldenhafte Ritter in seiner Rüstung ist eine wichtige Figur in den europäischen Sagen. Alfred, Lord Tennyson (1802–92) beschreibt in seinem Gedicht „*The Lady of Shalott*" (*rechts*) geradezu schwärmerisch, wie Sir Lancelot in seiner schimmernden Rüstung nach Camelot reitet.

Das Zeitalter des Streitwagens

Vor über 5.000 Jahren stand an den Ufern des großen Flusses Euphrat eine Armee bereit, um ihr Land gegen Angreifer zu verteidigen. Sie wurde jedoch innerhalb weniger Minuten von einer schrecklichen neuen Waffe besiegt – Streitwagen, die von wilden Eseln gezogen wurden!

Seitdem setzte man immer mehr Tiere im Kampf ein. Innerhalb von tausend Jahren wurden die von Pferden gezogenen Streitwagen entwickelt. Die indoeuropäischen Stämme, die um etwa 2000 v. Chr. in Europa eindrangen, benutzten diese Streitwagen. Sie spielten auch eine große Rolle bei der Schlacht von Megiddo (1479 v. Chr.). Die Streitwagen wurden von Reitern begleitet, die zu jener Zeit aber noch keine Attacken ritten, sondern die Feinde eher verfolgten.

Sattel und Steigbügel
Etwa 400 n. Chr. wurde in Europa der Sattel eingeführt. 300 Jahre später kam der Steigbügel (s. oben) *aus China hinzu. Dieser zusätzliche Halt ermöglichte dem Reiter, vom Pferd aus eine Lanze zu werfen, mit Pfeil und Bogen zu schießen oder ein Schwert zu schwingen, ohne dabei herunterzufallen.*

Streitwagen als Kampfbasis
Die leichten ägyptischen Streitwagen dienten als schnelle, wendige Ausgangsplattformen für Bogenschützen, deren Pfeile in Köchern steckten, die seitlich am Wagen angebracht waren (oben)*. Bei der Schlacht von Kadesch im Jahr 1298 v. Chr. kämpften die Streitwagen von Pharao Ramses II. gegen die schwerbewaffneten Wagen der Hethiter. Das war sozusagen die altertümliche Ausführung einer modernen Panzerschlacht.*

Moses führte die Israeliten beim Auszug aus Ägypten durch das Rote Meer, nachdem er es geteilt hatte. Als der Pharao (*links*, gespielt von Yul Brynner) aber den Befehl gab, Moses mit allen Streitwagen Ägyptens zu verfolgen, ließ Gott das Meer wieder über den Verfolgern zusammenschlagen.

PARTHENIER UND NUBIER

Die Bogenschützen aus der römischen Provinz Parthia waren berühmt dafür, daß sie nach hinten schießen konnten, während sie im vollen Galopp ritten.

Doch die berühmteste Kavallerie der römischen Zeit wurde von Hannibal geführt. Seine nubischen Reiter aus Nordafrika vernichteten die römischen Legionen bei den Schlachten von Trebia (218 v. Chr.) und Cannae (216 v. Chr.)

Das Aussehen ist nicht alles
Die römische Kavallerie (rechts), *stolz und reich ausgestattet, wurde eigentlich im Kampf kaum eingesetzt. Ohne Steigbügel* (siehe S. 8), *konnte ein galoppierender Reiter leicht herunterfallen, wenn er sein Schwert schwang!*

Ben Hur. Das Wettrennen der Streitwagen im Film *„Ben Hur“* (mit Charlton Heston als Hauptdarsteller, *unten*) wurde als eine der besten Szenen der Filmkunst gelobt. Doch wie realistisch ist diese Szene? An manchen Handgelenken der „römischen“ Menge kann man moderne Armbanduhren entdecken!

STREITWAGEN MIT VIER RÄDERN

Ein Streitwagen des Sumerer-Königs Enannatum von Lagasch (*oben*).

Dieser mit schweren Rädern ausgestattete Streitwagen (um 2500 v. Chr.) war eines der ersten von Pferden gezogene Fahrzeug. Anders als die ägyptischen Streitwagen (S. 8) beförderte dieser Speerwerfer.

Zu Ehren eines Pferdes
Viele große Kriegsfürsten hatten ein Lieblingspferd, doch Alexander der Große (rechts) *gründete im Jahr 326 v. Chr. sogar eine Stadt, Bukephala (das heutige Jhelum in Pakistan) zu Ehren seines Pferdes Bukephalos (das ist griechisch und bedeutet „Stierkopf“).*

Tiere in Kriegen und Sagen

Im Sommer des Jahres 218 v. Chr. führte der karthagische Feldherr Hannibal seine Armee von ihrem Basislager in Spanien nach Norden. Die Römer, die sich während dieses Feldzuges in Sicherheit wähnten, griffen Hannibals spanisches Hauptquartier an. Das erwies sich als furchtbarer Fehler.

Hannibal marschierte mit 30000 Männern, Pferden und 37 Elefanten (siehe die Münze *oben*) über die Pyrenäen und vernichtete die Gallier. Im Oktober beschloß er zum Erstaunen aller, den kleinen St.-Bernhard-Paß nach Italien zu überwinden und einen Überraschungsangriff auf Rom zu machen. Fünfzehn Tage später befand er sich mit seinen Elefanten und Pferden in Italien.

Hannibal errang eine Reihe von großartigen Siegen, doch letztlich bekam er nicht genügend Verstärkung, so daß er umkehren mußte, ohne Rom eingenommen zu haben.

Das Roß in den Sagen. Zahllose Legenden zeigen, wie wichtig Pferde schon immer für die Menschen waren. In vielen Erzählungen tauchen zum Beispiel die sagenhaften Zentauren auf, die von Gestalt halb Mensch, halb Pferd waren.

Pegasus (unten) *war der Sage nach ein geflügeltes Pferd, geboren aus dem Blut der schlangenhaarigen Medusa.*

DAS TROJANISCHE PFERD

Das berühmteste Pferd der Welt war eine riesige Nachbildung. Es taucht in Homers Heldengedicht „*Die Odyssee*“ auf. Die Griechen fertigten es für ihre Feinde, die Bürger von Troja, an. Odysseus und seine griechischen Krieger versteckten sich in dem Pferd, während ein Teil der griechischen Armee fortsegelte. Daraufhin zogen die Trojaner das Pferd in die Stadt.

Rascher Sieg
Sobald dieses Pferd sich innerhalb der Stadtmauern befand, öffneten die Griechen die Stadttore. Bald darauf fiel Troja.

Das sagenhafte Einhorn ist ein herrliches, weißes Pferd mit einem Horn auf der Stirn (*rechts* Bild aus einem Film). Es hieß, daß man vor Krankheit geschützt sei, sobald man aus diesem Horn getrunken hatte.

Elefanten im Schnee
Die Pässe waren schneebedeckt, als Hannibal seine Elefanten über die Alpen nach Italien führte. Unterwegs mußte er gegen die dort angesiedelten Stämme kämpfen.

HANNIBALS „SCHWERES GESCHÜTZ"

In Italien sorgten die Elefanten für großen Aufruhr. Andererseits jedoch mußten sie besonders gut versorgt werden und waren zu langsam und schwerfällig, um allein eine Schlacht gewinnen zu können.

DER SÜSSE DUFT DES ERFOLGS

Der griechische Geschichtsschreiber Herodot berichtet, daß beim Zusammentreffen der Armeen von Kyros dem Großen von Persien und des lydischen Königs Krösus der furchtbare Geruch der Kamele die Pferde der Lydier verschreckte!

Als die Pferde davonliefen, mußten die Lydier vom Boden aus weiterkämpfen und wurden bald von Kyros' Armee geschlagen.

Mit Kamelen zum Sieg (rechts)
Kamele wurden auch von den arabischen Soldaten im 7. und 8. Jh. n. Chr. als Reittiere benutzt und verhalfen zu zahlreichen Siegen.

Sattel und Sandalen

Es heißt, das Zeitalter der Kavallerie habe mit der Schlacht von Adrianopel (378 n. Chr.) begonnen, die zwischen den Römern und einer Armee von „barbarischen“ Stämmen aus dem nördlichen Europa ausgefochten wurde. Diese waghalsigen Reiter, angeführt von Fridigern, besiegten ihre römischen Feinde vollkommen.

Die Infanterie (Fußtruppen) war allerdings für Belagerungen und auf schwierigem Gelände nach wie vor nötig. Doch während der nächsten 700 Jahre wurde die Überlegenheit der Kavallerie in ganz Europa anerkannt.

Auch die Wikinger und die Angelsachsen, die hervorragende Soldaten zu Fuß waren, mußten schließlich diese Überlegenheit anerkennen. Die Schwachstelle ihrer alten Kriegstaktik wurde bei Hastings im Jahr 1066 offensichtlich *(oben links)*.

Die Magyaren
Die gefürchteten magyarischen Reiter des 11. Jh. (rechts) *kamen aus den Eiswüsten des nördlichen Europas. Sie handhabten ihre einfachen Bögen und Schwerter mit tödlicher Treffsicherheit.*

DIE LEHRE VON SENLAC HILL

Im Jahr 1066 starb König Eduard von England kinderlos. Der Engländer Harold Godwinsson, Harald Hardrada von Norwegen und Herzog Wilhelm von der Normandie beanspruchten den Thron. Der Rat wählte Harold Godwinsson. König Harolds Fußtruppen wehrten eine Invasion durch Harald Hardrada ab und marschierten dann nach Süden, um Herzog Wilhelm Einhalt zu gebieten. Die beiden Armeen trafen sich in der Nähe von Hastings.

Harold versammelte seine Fußtruppen bei Senlac Hill. William, der mit Kavallerie und Bogenschützen angriff (*unten*), erreichte einen aufsehenerregenden Sieg. Die Zeit der Ritter war gekommen.

Der Teppich von Bayeux (70 cm x 50 m) berichtet von Herzog Wilhelms Übernahme des englischen Throns. Dieser Teppich ließ die Legende entstehen, daß Harold von einem Pfeil getötet worden sei, denn *ganz rechts* steht die Inschrift „Harold“ über jemandem mit einem Pfeil im Auge. Doch in Wahrheit wurde Harold von vier normannischen Rittern erschlagen.

Die Hunnen (unten Mitte) *Im späten 4. Jh. n. Chr. überfielen Stämme von mongolischen Hunnen Westeuropa. Diese ausgezeichneten Reiter ließen sich in Ungarn nieder und erreichten sogar die Tore von Rom.*

DIE UNGESCHRIEBENEN GESETZE DER RITTER

Karl der Große (768–814 n. Chr., *links*), König der Franken und erster Kaiser des Heiligen Römischen Reiches, herrschte über ein Gebiet, das sich von Spanien bis nach Polen erstreckte. Seine Armeen wurden von reichen und mit vielen Vorrechten ausgestatteten Rittern befehligt. Diese entwickelten Verhaltensregeln untereinander, die als „Ritterlichkeit" bekannt wurden.

Awaren
Ein Reiter der Awaren im 7. Jh. n. Chr. (links). *Die Awaren, die von den Tataren aus Zentralasien abstammten, waren Teil der zweiten Welle von Angreifern aus dem Osten. Sie ließen sich im Gebiet nördlich des Schwarzen Meeres nieder.*

Arabische Kavallerie ritt auf kleinen aber schnellen Ponys.

Angelsächsische Infanterie (oben) *schlug sich tapfer gegen einen Angriff der normannischen Kavallerie.*

MARTELLS BELOHNUNG

Im Jahr 732 n. Chr. brachte Karl Martell die Invasion der Moslems in Europa bei der Schlacht von Poitiers mit schwerbewaffneter Kavallerie zum Stillstand. Er belohnte seine Ritter mit Landbesitz. Diese Belohnung – Land für geleistete Dienste – entwickelte sich zum Feudalismus (Seite 28).

Wilhelm der Eroberer (links) *war einer von Europas mächtigsten Herrschern – Herzog der Normandie und König von England.*

Das Zeitalter der Ritter

In der Zeit zwischen 900 und 1400 beherrschten die Ritter zu Pferde die europäischen Schlachten. Sie waren mehr als nur Krieger, sie standen an der Spitze der Gesellschaft und waren hoch angesehen. Die Zuteilung von Land war an die Kosten des Einsatzes eines ausgerüsteten Ritters im Kampf gekoppelt. Ritterliches Benehmen galt für jeden als beispielhaft.

Trotzdem wird die Bedeutung, die Ritter zu Pferde in den Schlachten hatten, oft übertrieben. Sie sahen gut aus und konnten vernichtende Angriffe führen. Doch in der mittelalterlichen Kriegsführung ging es hauptsächlich um die Einnahme feindlicher Burgen und nicht so sehr um Attacken mit der Kavallerie. Die Anführer vermieden Schlachten, sofern sie konnten. Während eines längeren Kampfes wußte ein Ritter, dessen Kopf in einem Helm steckte, oftmals gar nicht, was genau vor sich ging!

Nur reiche Ritter

Bis zum Beginn des 14. Jh. bezahlten manche Herrscher für die Ausrüstung ihrer Ritter, doch als die Kosten für Rüstungen und Streitrösser immer höher wurden, hörten sie damit auf.

Der enorme Aufwand für einen ausgerüsteten, berittenen Krieger beschränkte das Rittertum auf die wohlhabendsten Familien.

Ritter um 1200

Nur Burgen zählen!

Groß angelegte Schlachten zwischen Rittern waren selten und normalerweise von geringer Bedeutung.

Beispielsweise hatte die Eroberung des riesigen Château Gaillard durch König Johann I. *(oben)* im Jahr 1204, größere Auswirkung auf die Geschichte Frankreichs als jede durch die Kavallerie ausgetragene Schlacht.

***Château Gaillard** (oben) war bereits von weitem ein eindrucksvoller Anblick.*

Das Schwert im Stein
Der Regisseur John Boorman benutzte den Namen Excalibur, *so hieß Artus' Zauberschwert* (rechts), *als Titel seiner Neuverfilmung der Sage* (links).

Artus fand die Waffe, die in einem Stein steckte und gab sie durch Lancelot der Herrin des Sees zurück. Erst danach konnte er sterben.

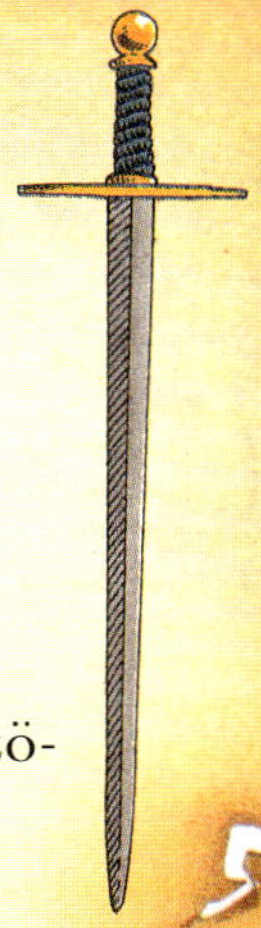

Die Sage von König Artus ist eine Mischung von britischen und französischen Sagen.

Der wirkliche Artus mag ein römisch-britannischer Krieger gewesen sein, der im 6. Jh. n. Chr. gegen die angelsächsischen Invasoren kämpfte. Artus wurde im 12. Jh. von einem Mönch namens Geoffrey von Monmouth erfunden. Dieser verlegte die Geschichte in seine eigene Zeit und vermittelte damit auch seine religiöse Botschaft. Es gibt darin Ritter in Rüstungen, die christliche Ritterlichkeit üben und schöne Frauen mit langen, spitzen Hüten.

Die Macht des Schwertes
Das Schwert war die wichtigste Waffe eines jeden Ritters.

Ritter um 1500

DIE SCHLACHT VON BOUVINES *(oben)*
König Johann verlor seine französischen Besitztümer mit dem Fall von Château Gaillard (Seite 14). Als er im Jahr 1214 versuchte, sie zurückzuerobern, erlitt er in Bouvines, Flandern, eine schwere Niederlage – ein seltenes Beispiel für einen größeren Kampf zwischen Rittern zu Pferde. Nach dem ersten Angriff brach jedoch das totale Chaos aus!

Rüstungen, Waffen und Wappen

Ein Ritter im 14. Jahrhundert trug ein Schwert von etwa einem Meter Länge, einen dreieckigen Schild, eine Lanze und ein kleines Messer. Bei einem Kampf Mann gegen Mann wurde die Lanze durch eine Axt oder eine gespickte Keule, Streitkolben genannt, ersetzt. Die Ritter trugen Panzerhemden aus eisernen Ringen, auch „Harnisch" genannt, um sich gegen den Schlag eines Streitkolbens oder eines Schwertes zu schützen – doch das verhinderte nicht, daß sie oft sehr schlimme Quetschungen erlitten. Selbst die Pferde wurden meist mit Ketten- oder Lederpanzern *(unten)* geschützt. Wenn die Ritter zu Fuß kämpften, tauschten sie gern ihre großen eisernen Helme gegen kleinere ohne Visier aus, damit sie besser sehen konnten. In all diesem Metall, Leder und Stoff schwitzte ein Ritter schnell und wurde zu durstig, um lange kämpfen zu können, besonders im Sommer!

1100

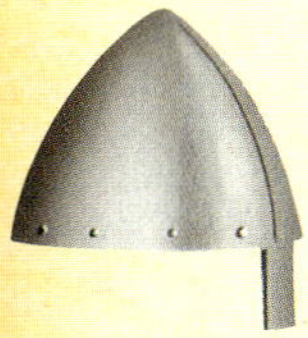

1225

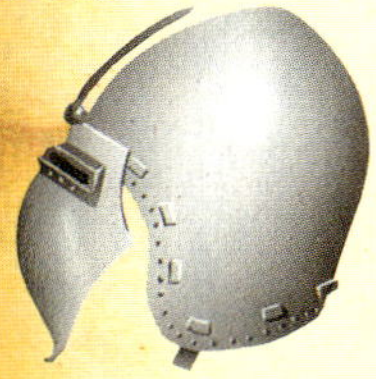

1350

1450

1500

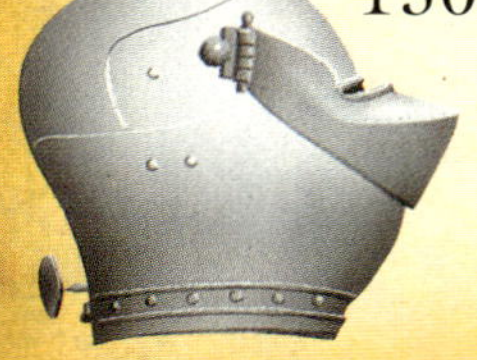

Schwere Rüstungen? Es ist nicht wahr, daß die Ritter praktisch mit einem Kran auf ihre Pferde gesetzt werden mußten! Eine ganze Rüstung wog nicht mehr als 10 Kilogramm, und der Ritter konnte sogar damit herumlaufen.

Im 13. Jh. verwendete man den ersten Spangenharnisch. Er bestand aus Brust- und Rückenplatten, Kragen-, Arm- und Beinschützern. Zusätzliche Platten schützten die Gelenke an Schultern, Ellbogen und Knien.

NETTER HELM!
Genau wie das Kettenhemd durch den Spangenharnisch ersetzt wurde, veränderten sich auch die Ausführungen der Helme, um besseren Schutz zu bieten (und manchmal auch, um einfach nur besser auszusehen, *links*).

Das Anlegen der Rüstung
Der Knappe half seinem Herrn, sich für eine Schlacht anzukleiden. Jeder Teil der Rüstung mußte sorgfältig über das Kettenhemd geschnallt werden, so daß das Ankleiden über eine Stunde dauern konnte.

__Kettenhemden__ wurden aus Tausenden von eisernen Ringen gefertigt. Sie wurden in einem Muster zusammengesetzt, das an ein Strickmuster erinnert. Der Ritter trug es über der gepolsterten Unterwäsche. Zur Rüstung gehörten ferner Armeisen, Kniepanzer, Beinschienen und der Schulterschutz.

I

WAPPEN

Um die in geschlossener Rüstung im Krieg oder im Turnier Kämpfenden erkennen und unterscheiden zu können, wurden seit dem 12. Jh. Schildzeichen eingeführt, aus denen sich der wappenmäßige Schmuck entwickelte.

Die Bilder rechts zeigen *(von oben nach unten)* Beispiele, wie sich die Wappen mit der Heirat ihres Trägers veränderten:

I. Ein Lord (mit dem blau-gelben Wappen) hat keinen Sohn, aber seine Tochter heiratet einen Lord mit dem rot-weißen Wappen.
II. Die Wappen werden kombiniert, bzw. „halbiert".
III. Wenn der Vater der Lady stirbt, verändert sich das Wappen erneut.
IV. Wenn der Ehemann der Lady stirbt, unterteilt der Sohn das Wappen in Viertel, das nennt man „quadrieren".

II

HERALDIK

Wappenkunde und Wappenkunst nennt man Heraldik. Das Ganze entwickelte sich aus den Emblemen, die die Ritter benutzten, um einander in den Schlachten zu erkennen *(unten)*. Die Wappen halfen auch dem Herold festzustellen, wer im Kampf gefallen war.

III

Ursprünglich bestanden Wappen nur aus einem Schild mit Schildumrandung und Schildfigur bzw. -bild. Dieses sollte mindestens zwei Farben zeigen, ein Metall (Gold oder Silber) und eine Farbe.

IV

SOLDATEN GOTTES

Im Sommer 1095 hielt sich Papst Urban II. in Clermont, in Frankreich auf. Dort hielt er vor vielen Menschen eine folgenschwere Predigt. Die heiligen Orte im Osten, erklärte er, seien in die Hände der Ungläubigen gefallen. All jenen, die helfen würden, diese Orte zu befreien, würden ihre Sünden vergeben werden!

Diese Predigt leitete den ersten Kreuzzug ein (*links*). Ein religiöser Krieg war genau das, worauf Europas Ritter gewartet hatten. Tausende reisten ins Heilige Land. Bis zum Jahr 1100 waren die Türken besiegt, Jerusalem zurückgewonnen und vier „Kreuzfahrer-Staaten" gegründet. Sieben weitere Kreuzzüge folgten. Alle waren blutig, wenige erfolgreich. 1291 ging die große Festung von Acre, das letzte christliche Bollwerk in Syrien, verloren. Letzten Endes waren die Kreuzritter ihrer größten Herausforderung nicht gewachsen gewesen.

DER HEILIGE SPEER

Im Jahr 1098, als das Glück der Kreuzritter nachließ, hatte ein junger Mann namens Peter Bartholomew eine Vision. Daraufhin war er überzeugt, daß die Lanze, mit der Christus am Kreuz durchbohrt worden war, bei einer Kirche in Antiochia vergraben sei. Man grub dort, und tatsächlich wurde ein alter Speer *(links)* entdeckt. Von diesem Fund ermutigt, machten sich die Kreuzfahrer daran, Jerusalem einzunehmen.

Blutbad!
Die monatelange Belagerung von Jerusalem endete am 15. Juli 1099, als die Heilige Stadt in einem blutigen Kampf (rechts) an die Kreuzritter fiel.

DIE RITTER DES ISLAM

Der moslemische Soldat und Herrscher Salah al-Din – Saladin – (links) eroberte Jerusalem 1187 zurück. Im Gegensatz zur Blutrünstigkeit der christlichen Kreuzfahrer, ließ er die Einwohner in Frieden ziehen.

Der dritte Kreuzzug, angeführt von Richard Löwenherz, brachte Saladin einige Niederlagen, konnte Jerusalem jedoch auch nicht zurückerobern. Schließlich schlossen die beiden großen Krieger Waffenstillstand und vereinbarten, daß die christlichen Pilger Zugang zur Heiligen Grabstätte bekamen.

Der Held mit dem Löwenherz?
Richard I. (oben) *wird oft als christlicher Held dargestellt, doch nach dem Fall von Acre im Jahr 1191 ließ er 2700 Gefangene umbringen.*

TEMPELRITTER

Die Ritter des Heiligen Tempels in Jerusalem gehörten zu einem Orden berufsmäßiger Kreuzfahrer (*oben links*). Ihr Hauptquartier befand sich in Zypern. Von dort aus unternahmen sie zahlreiche Kreuzzüge und wurden äußerst wohlhabend. Philipp IV. von Frankreich löste den Orden 1307 auf.

El Cid. Rodrigo de Vivar (1040–1099), „El Cid" (das bedeutet: „der Herr"), war der große Held der Spanier, weil er keine einzige Schlacht verlor. Er kämpfte sowohl gegen Christen als auch gegen Moslems, so daß man ihn nicht gerade als idealen Kreuzfahrer bezeichnen kann. Dies wurde in dem Film über ihn mit Charlton Heston in der Hauptrolle natürlich nicht erwähnt *(links)*.

Die Macht der Mongolen

Die europäischen Ritter kämpften einzeln oder in kleinen Gruppen, doch als Teil einer Armee waren sie wegen ihres Mangels an Disziplin nicht gut geeignet. Ganz anders war das bei der disziplinierten mongolischen Kavallerie von Dschinghis Khan und seinen Nachfolgern, die zu den größten Eroberern der Welt gehörten.

Abgesehen von einem Belagerungstroß, bestand eine mongolische Armee hauptsächlich aus berittenen Kriegern. Die leichte Kavallerie war mit Pfeil und Bogen, Messern oder Schwertern ausgestattet und trug nur einen Helm zum Schutz. Wie ihre europäischen Gegner trug die schwere Kavallerie Rüstung und war mit Lanzen bewaffnet. Die Taktik der Mongolen war es, die feindlichen Linien mit Pfeil und Bogen unter Beschuß zu nehmen und dann mit der schweren Kavallerie anzugreifen.

KHAN DER EROBERER

Dschinghis Khans Vater war der Anführer eines kleinen mongolischen Stammes, doch bis zum Jahr 1206 war Dschinghis als Khan (Führer) aller Mongolen anerkannt und „der Herr aller Menschen, die in Zelten wohnten". Er sammelte all seine Streitkräfte und nahm sich vor, die ganze Welt zu erobern! China war sein erstes Ziel.

Nachdem er große Gebiete im Norden des Landes eingenommen hatte, folgten Turkestan, Persien, Nordindien und Südrußland.

STUTENMILCH

Die Soldaten des Dschingis Khan mußten unter härtesten Bedingungen überleben können. Deshalb ritten viele Stuten, damit sie deren Milch trinken konnten (*links*).

Sattelschützen
Die leichte Kavallerie der Mongolen in Aktion mit ihren tödlichen Pfeilen und Bogen (oben). *Die Krieger blieben ständig in Übung, indem sie auf die Jagd gingen.*

SYSTEMATISCHE ZERSTÖRUNG

Der Schlüssel zum Erfolg der Mongolen war straffe Organisation. Zehn Truppen von zehn Mann ergaben eine Schwadron von 100 Mann, und zehn Schwadrone ein Bataillon von 1000 Mann. Zehn Bataillone ergaben ein „Touman". Zwischen den verschiedenen Heeresteilen wurden Signale (z. B. Rufen, Flaggen) ausgetauscht.

Dschinghis Khans Reich (oben) *erstreckte sich vom Kaspischen Meer bis zum Pazifischen Ozean.*

Gnadenlos
Das Heer der Mongolen (oben) *vernichtete erbarmungslos jegliche Widersacher. Es verbreitete überall Angst und Schrecken. Wenn sie auf Widerstand stießen, metzelten die Mongolen die Einwohner ganzer Städte nieder.*

OST GEGEN WEST

Die mongolische Kavallerie traf bei der Schlacht von Liegnitz in Ungarn im Jahr 1241 auf die christlichen Ritter. Die angreifenden Mongolen errangen einen überwältigenden Sieg.

KRIEG IM WINTER

Batu, ein Enkel von Dschinghis, führte den Angriff der Mongolen auf Europa in den Jahren 1237–40. Er begann mit einem Überfall auf Rußland im Winter. Das war das einzige Mal in der Geschichte, daß Rußland zur kältesten Zeit des Jahres erfolgreich angegriffen wurde. 150 000 Mongolen benutzten die gefrorenen Flüsse als Straßen, fegten über die Wolga hinweg und eroberten Moskau (*rechts*) und zwei Jahre später Kiew.

Die Krieger der Samurai

Die Samurai waren die Ritter Japans. Sie kamen im 9. Jahrhundert als berittene Bewahrer des Friedens zusammen und kämpften mit Schwertern sowie Pfeil und Bogen. Wie die europäischen Ritter unterwarfen auch sie sich einem Ehrenkodex, dem „Bushido" (jap. „Weg des Ritters").

Im 12. Jahrhundert gehörten zwei Samurai-Familien, die Taira und die Minamoto, zu den mächtigsten in ganz Japan. 1185 bildete Minamoto Yoritomo seine eigene Regierung im Namen des Kaisers. Als er 1192 „Shogun" (Oberbefehlshaber) wurde, ließ er die Provinzen von Samurai-Kriegern regieren. Noch 650 Jahre nach Yoritomos Tod beherrschten die Samurai weitgehend das soziale, künstlerische, wirtschaftliche und religiöse Leben Japans. Selbst als das feudale Japan zusammenbrach, blieb das „Bushido" ein machtvoller Moralkodex.

Die Rüstung der Samurai
Die Samurai trugen erst nach Erfindung der Feuerwaffen im 16. Jh. Plattenpanzer. Vorher trugen sie reichverzierte, bewegliche Schutzkleidung aus Leder, Ketten und Metall (unten).

Toyotomi Hideyoshi *(1539 bis 1598,* oben*), der ganz Japan als erster vereinigte, begann seine Karriere als einfacher Fußsoldat.*

DAS WESEN DES KRIEGERS

„Das Wesen des Kriegers" oder „Bushido" glich der „Ritterlichkeit". Beides pries Treue und Tapferkeit bis zum Tode. Wie sich die Ritterlichkeit auf das Christentum bezog, so bezog das „Bushido" sich auf den Konfuzianismus. Wenn der Samurai Shih (edle Herr) nicht kämpfte, sollte er höflich, kunstbeflissen und edel sein.

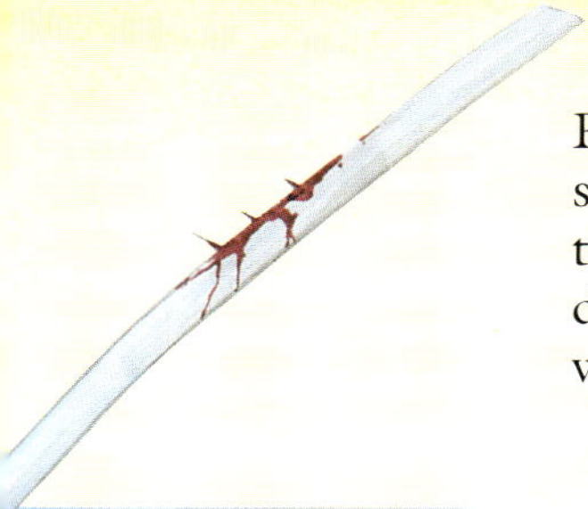

Am Vers zu erkennen. Der Heraldik entsprach „Sashimono". Jeder Krieger konnte anhand einer kleinen Flagge erkannt werden, die auf seinem Rücken befestigt war *(rechts)*. Auf eine Seite der Flagge schrieb er manchmal den Teil eines Verses. Ein Stamm teilte den gleichen Vers, so daß die Verse nur gelesen werden konnten, wenn alle Stammesangehörigen zusammen waren.

Sashimono
Drei Beispiele der persönlichen Flaggen, die von den Samurai getragen wurden (unten).

DIE FRAUEN DER SAMURAI

Im Japan des Mittelalters hatten Frauen noch weniger Rechte als im mittelalterlichen Europa. Sie mußten sich ihren Männern völlig unterwerfen und nötigenfalls sogar für sie sterben. Oft wurden sie zur Ehe gezwungen, um die Macht ihrer Familien zu stärken.

***Das Kabuki** (japan. Theater) erzählte meist die Geschichten von heldenhaften Samurai* (unten). *Wie bei den alten Griechen wurden auch die weiblichen Rollen von Männern oder Jungen gespielt.*

Eine weibliche Kriegerin (großes Bild) *Tomoe Gozen, die tapfere Frau von Minamoto Yoshinaka, war eine der wenigen Frauen unter den Samurai, deren Ruf als Kriegerin dem ihres Mannes gleichkam.*

Die Fuss-Soldaten schlagen zurück

Wir befinden uns im Jahr 1415. Es ist Herbst. Heinrich V. und seine Armee von 4000 Mann bemühen sich verzweifelt, Calais zu erreichen. Aber vergeblich. Am 24. Oktober versperrt ihnen eine französische Armee von etwa 40000 Mann den Heimweg.

Die Franzosen postieren ihre Streitkräfte auf einem schmalen Feld, flankiert von Wäldern. Es scheint nur noch eine Frage der Zeit, bevor ihre Ritter die Engländer in den Schlamm stoßen. Doch den französischen Rittern gelingt es nicht, einen erfolgreichen Angriff zu reiten. Zuerst sind ihnen ihre eigenen Fußsoldaten im Wege. Dann gleiten ihre Pferde auf dem schlammigen Boden aus. Schließlich trifft sie ein Regen von Pfeilen. Drei Stunden später liegen 7000 Franzosen tot auf dem Feld von Agincourt.

Ein stacheliger Gegner

Seit dem Infanterie-Angriff der Mazedonier (*oben*) war die Pike die beste Verteidigungswaffe der Fußsoldaten gegen die Kavallerie. Die Pike war lediglich eine sehr lange Stange mit einer Metallspitze am Ende.

Die Hellebarde (großes Bild) *hatte einen kürzeren Stab als die Pike, mit einem Axtblatt auf einer Seite und einem Haken oder Dorn auf der anderen Seite.*

Ein französischer Ritter fällt zu Boden, nachdem sein Pferd von einem Pfeil verwundet wurde (großes Bild). *Wenn er sich nicht schnell erhebt, wird ein englischer Fußsoldat ihn überwältigen und töten.*

Das Gemetzel von Agincourt

Etwa 1500 französische Ritter, die besten der Ritterschaft des Landes, waren unter den Toten – Henry V. verlor nur etwa 100 Mann. Noch bevor das Schießpulver seinen Siegeszug hielt, neigte sich das Zeitalter der Ritter dem Ende zu.

HOCHMUT KOMMT VOR DEM FALL *(unten)*

Im Jahr 1314 trafen 23000 Engländer unter Edward II. auf 19000 Schotten. Eduards Ritter griffen die schottischen Linien an. Weicher Untergrund und gute Verteidigung brachten sie zu Fall. Im darauf entbrannten Kampf wurden die Engländer in die Flucht geschlagen.

Die Spinne. König Robert Bruce hat sich auf der Flucht vor englischen Truppen in einer Höhle versteckt. Hier hat er angeblich gesehen, wie eine Spinne sechsmal vergeblich versuchte, sich von einer Seite zur anderen zu schwingen. Beim siebten Versuch hat sie Erfolg gehabt. Der König beschloß, wie die Spinne, einen neuerlichen Versuch zu unternehmen.

Obwohl dies reine Erfindung ist, hat der echte König Robert I. (1274–1329) seinen eigenen Truppen vor Bannockburn dadurch Mut gemacht, daß er den besten englischen Kämpfer in einem Zweikampf besiegte.

LANG ODER KURZ?

Der kurze Bogen, der schon in der Urzeit erfunden worden war, war zwar einfach im Gebrauch, man konnte damit jedoch nicht sehr weit schießen. Der Langbogen aus Eiben- oder Ulmenholz, der Mannesgröße hatte und aus Wales stammte, war in ganz Britannien im späten 13. Jh. sehr beliebt.

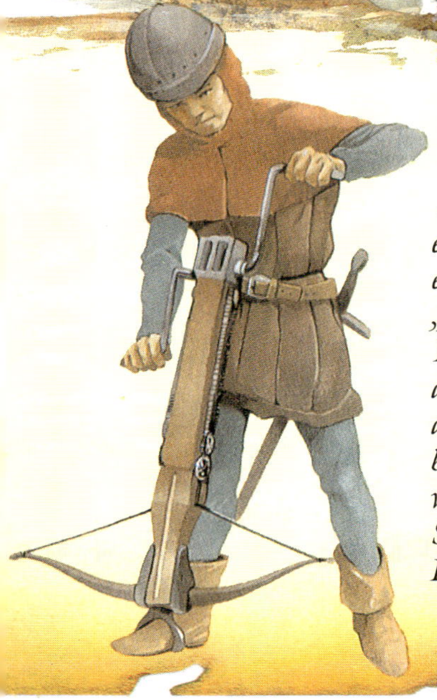

Geächtete Bogen
Die Kirche ächtete den Gebrauch der Armbrust als unehrenhaft für die Ritter! Mit einer Armbrust konnte man „Pfeile" oder „Bolzen" über 100 Meter schießen. Neben der Hand-Armbrust gab es auch die große Stand-Armbrust. Die Sehne wurde entweder von Hand, durch einen Spannhaken oder durch die Kurbelwinde gespannt. (links).

Unter schnellem Beschuß
Ausgebildete Bogenschützen konnten eine ganze Flut von Pfeilen losschicken. Die Pfeile waren mit Gänsefedern und Eisenspitzen ausgestattet und konnten Rüstungen auf 100 Meter Entfernung durchbohren (unten).

Ritterlichkeit

Ritterlichkeit bedeutet, daß die Ritter tapfer, ehrenvoll, treu und großzügig handeln sollen.

Ursprünglich als eine Art Verhaltensmaßregel der Ritter untereinander verstanden, trug der christliche Glaube und die „Minne“ des Mittelalters ebenfalls zur Entstehung des „ritterlichen“ Ideals bei. Da gab es Geschichten über die selbstlose Verehrung und Liebe der Ritter, die sie der Dame ihres Herzens gegenüber an den Tag legten. Das romantische Ideal trug dazu bei, daß das Ansehen der Frauen stieg und die Barbarei der Soldaten gelindert wurde.

Wir sprechen heute noch von ritterlichem Verhalten, wenn sich jemand uneigennützig, großzügig und hilfsbereit benimmt.

DIE SCHWERTLEITE
Ein junger Mann, der Ritter werden wollte, mußte an einem ganz bestimmten Ritual teilnehmen.

Der wichtigste Moment dieser Zeremonie war der, wenn dem Ritter sein Schwert „umgürtet“ wurde *(unten)*.

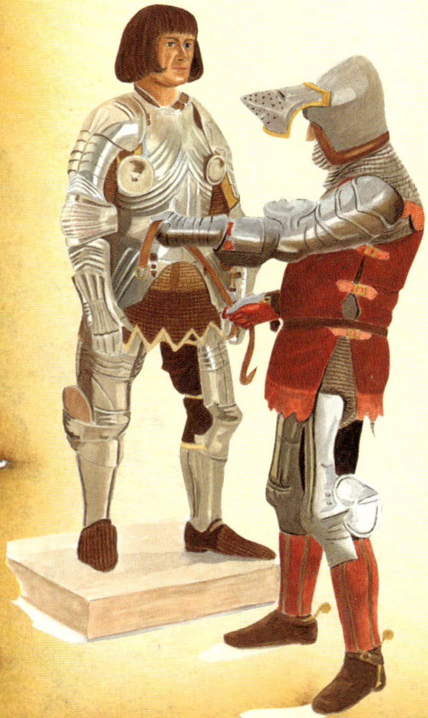

Der heilige Georg ist als Märtyrer des Christentums bekannt. Im Mittelalter war er zum ritterlichen Helden geworden, weil er eine Jungfrau vor einem Drachen gerettet hatte *(oben)*. 1348 ernannte ihn Eduard III. zum Schutzpatron seines „Hosenbandordens“ dem höchsten Orden des Englischen Rittertums. Von da an war er der Schutzpatron von ganz England.

Höfische Liebe
Gemäß dem aristokratischen Ideal von höfischer Liebe mußte ein liebender Ritter gegenüber einer stolzen und tugendhaften Dame demütig, treu und hingebungsvoll sein (unten).

SICH DIE SPOREN VERDIENEN

Vor ihrer vernichtenden Niederlage bei Crécy (1346) machten sich die französischen Ritter über die englischen Fußsoldaten lustig. Ironischerweise gewann der Schwarze Prinz seine Sporen *(rechts)* – ein Symbol der Ritterschaft – für seine Taten in der Schlacht als Fußsoldat.

Gawain und der Grüne Ritter. Dieses berühmte Gedicht aus dem Mittelalter erzählt davon, wie Sir Gawain, ein Ritter der Tafelrunde, einen riesigen „Grünen Ritter" enthauptet, der – weil verzaubert – seinen eigenen Kopf aufnimmt und davonreitet. Als er ein Jahr später seinen Kopf der Axt des Grünen Ritters darbietet, wird er von diesem verschont, weil er dem Ehrenkodex der Ritterlichkeit treu geblieben ist *(rechts)*.

Der Heilige Gral *war der Becher, aus dem Jesus beim letzten Abendmahl trank. Angeblich wurde später darin das Blut Jesu aufgefangen, das heruntertropfte, als er am Kreuz hing. Im Mittelalter gab es zahlreiche Legenden, in denen Ritter nach diesem Heiligen Gral suchten. Der Gral kommt auch heute noch in vielen Geschichten vor, wie z. B. im Film* Indiana Jones *und* Der letzte Kreuzzug.

Der Ritter als Witzfigur
Die Welt der Ritterlichkeit hat so wenig Ähnlichkeit mit unserer heutigen Welt, daß es einfach ist, sich darüber lustig zu machen. Schon Mark Twain konnte dem nicht widerstehen. Neuere Beispiele sind die Filme Monty Python und der Heilige Gral (oben) *und* Jabberwocky (rechts), *in denen die Mythen von König Arthur und die Geschichten von Rittern, Drachen und Jungfrauen in Bedrängnis belächelt werden.*

DER FEUDALISMUS

Das „Feudalsystem“ ist nicht dadurch entstanden, daß sich jemand hingesetzt und es erfunden hat. Es entwickelte sich nach und nach. Einfach gesagt, war es so, daß der Herrscher als Lohn für treu geleistete Dienste Land und Schutz anbot.

Dem König gehörte alles Land. Er vergab es als „Lehen“ an seine Adeligen. Zum Dank für dieses Land, den Schutz und verschiedene andere Privilegien, wie zum Beispiel das Recht, Steuern zu erheben und Recht zu sprechen, schworen die Adeligen dem König Treue. Sie boten „ritterliche Dienste“ oder „Schloßwachen“ an. So entstand die „Pyramide des Feudalismus“ bis zu den Leibeigenen ganz unten.

Geoffrey Chaucers „Canterburysche Erzählungen“, (die er ungefähr um 1387 zu schreiben begann und um 1400 beendete), erzählen davon, wie Pilger aus London zum Schrein von Thomas Becket in Canterbury reisten und sich dabei Geschichten erzählten, um sich die Zeit zu vertreiben *(links)*.

DER NIEDERGANG DES FEUDALISMUS

Geld ersetzte Treue, denn bezahlte Soldaten kämpften besser als die „Wehrpflichtigen“. Wenn man weiß, daß die Leibeigenen manchmal von ihren eigenen Rittern zu Tode getrampelt wurden, ist es kein Wunder, daß diese Leibeigenen sich schließlich weigerten zu kämpfen.

Das Schachspiel *ist ein Spiel mit dem Hintergrund des feudalistischen Systems* (rechts)*! Es wurde um 1000 n. Chr. von moslemischen Kriegern nach Spanien mitgebracht und bald in ganz Europa bekannt.* (Links *eine Figur aus dem 11. Jahrhundert.)*

Das wachsame Auge
Dieses Gemälde aus dem Mittelalter spiegelt das Feudalsystem wider – Bauern, die auf den Feldern unter dem Schutz (und dem wachsamen Auge) des Schloßherrn arbeiten.

RITTERSTEUER

Im Feudalsystem kämpften die Soldaten aufgrund ihrer Verpflichtung gegenüber ihrem Herrn. Später stellten diese fest, daß es besser war, wenn sie Geld nahmen, „Schildpfennig“ oder „Rittersteuer“ genannt, statt militärische Dienste zu beanspruchen. Mit dem Geld heuerten sie berufsmäßige Söldner an.

Die Magna Charta
In der Urkunde, die als Magna Charta (1215) bekannt wurde, bestätigte König Johann die Privilegien der Ritter (unten). *Später entwickelte sich aus der Magna Charta die englische Verfassung.*

GEBROCHENE VERSPRECHEN

Eine der wenigen mächtigen Frauen des Mittelalters war die Kaiserin Matilda. Sie war das einzige überlebende Kind des englischen Königs Heinrich I., der all seinen Adeligen das Versprechen abnahm, Matilda als seine Nachfolgerin anzuerkennen. Doch als der König im Jahr 1135 starb, brachen viele der Adeligen ihr Versprechen (so viel zu ihrer Ritterlichkeit!), weil sie nicht von einer Frau regiert werden wollten.

Stephan von Blois sah die Gelegenheit, den Thron zu besteigen. Es folgte ein grausamer Bürgerkrieg.

Die Männer des Mittelalters *sahen Frauen als minderwertig an. Die Hauptaufgabe der Frauen bestand darin, Kinder zu bekommen. Viele Ehen wurden schon mit 14 geschlossen.*

Ritter und Burgen

Die Burg erfüllte viele Zwecke. Sie war ein Zuhause für den Herrscher, seine Familie und Diener, aber auch ein Symbol der Macht. Deshalb überragte die Burg jedes andere Gebäude, bis auf die Kirche. Natürlich diente die Burg auch als Lager für Waffen und Nahrungsmittel und als Zufluchtsstätte in gefährlichen Zeiten. Im Mittelalter bedeutete Landbesitz Wohlstand. Von einer Burg aus konnte man diesen Wohlstand verteidigen, und deshalb war sie für einen König oder Adeligen genauso wichtig wie seine Ritter. Die ersten Burgen bestanden aus einer Festung auf einem Hügel, umgeben von einem, mit einem Schutzwall versehenen, niedrigeren Bereich. Der Schutzwall war aus Holz oder Stein. Von 1270 an wurden die steinernen Burgen mit Burgmauern und Türmen gebaut.

DIE BURGEN IN JAPAN waren ganz anders gebaut als jene in Europa. Die Samurai hatten nicht die westlichen Belagerungswaffen und -techniken, und sie waren mehr an persönlicher Tapferkeit auf dem Schlachtfeld interessiert.

Dementsprechend stellten die Burgen der Samurai, genau wie die Rüstungen dieser, regelrechte Kunstwerke dar. Auf Hügeln erbaut und mit ausgedehnten Dächern und eleganten Fenstern waren sie sowohl eine Augenweide wie auch eine nützliche Zuflucht in Kriegszeiten.

Torwachen
Während des 13. Jh. wurde es üblich, das Torhaus (den schwächsten Punkt einer Burg) und den Festungsturm miteinander zu verbinden.

Vorbereitung auf eine lange Belagerung
Frauen und Diener wurden hinausgeführt und Vorräte an Nahrungsmitteln, Medikamenten und Munition angeleg

Duffus Castle *in Schottland* (oben) *ist ein Beispiel für eine der ersten normannischen Burgen.*

Die Burg im Disneyland *in Paris würde eine Belagerung nicht lange überstehen* (unten)!

Schutz aus Holz
Um sich auf eine Belagerung vorzubereiten, wurden die Türme und die Burgmauern oben mit einem vorstehenden Holzverschlag versehen, der mit feuchtem Fell verkleidet wurde, um gegen Feuer zu schützen (rechts oben). *So hatten die verteidigenden Soldaten Schutz und konnten auf die Belagerer Steine werfen und brennendes Öl schütten* (rechts).

WIE NIMMT MAN EINE BURG EIN?

1. Durch Aushungern der Burginsassen.
2. Man setzt sie mit brennenden Pfeilen in Brand.
3. Indem man einen Stollen unter den Mauern gräbt und ihn mit Holzbalken abstützt. Dann setzt man das Holz in Brand, damit der Stollen einstürzt und dadurch auch die Burgmauern.
4. Mit Rammböcken kann man Löcher in die Mauern stoßen.
5. Indem man die Mauern mit Leitern stürmt.

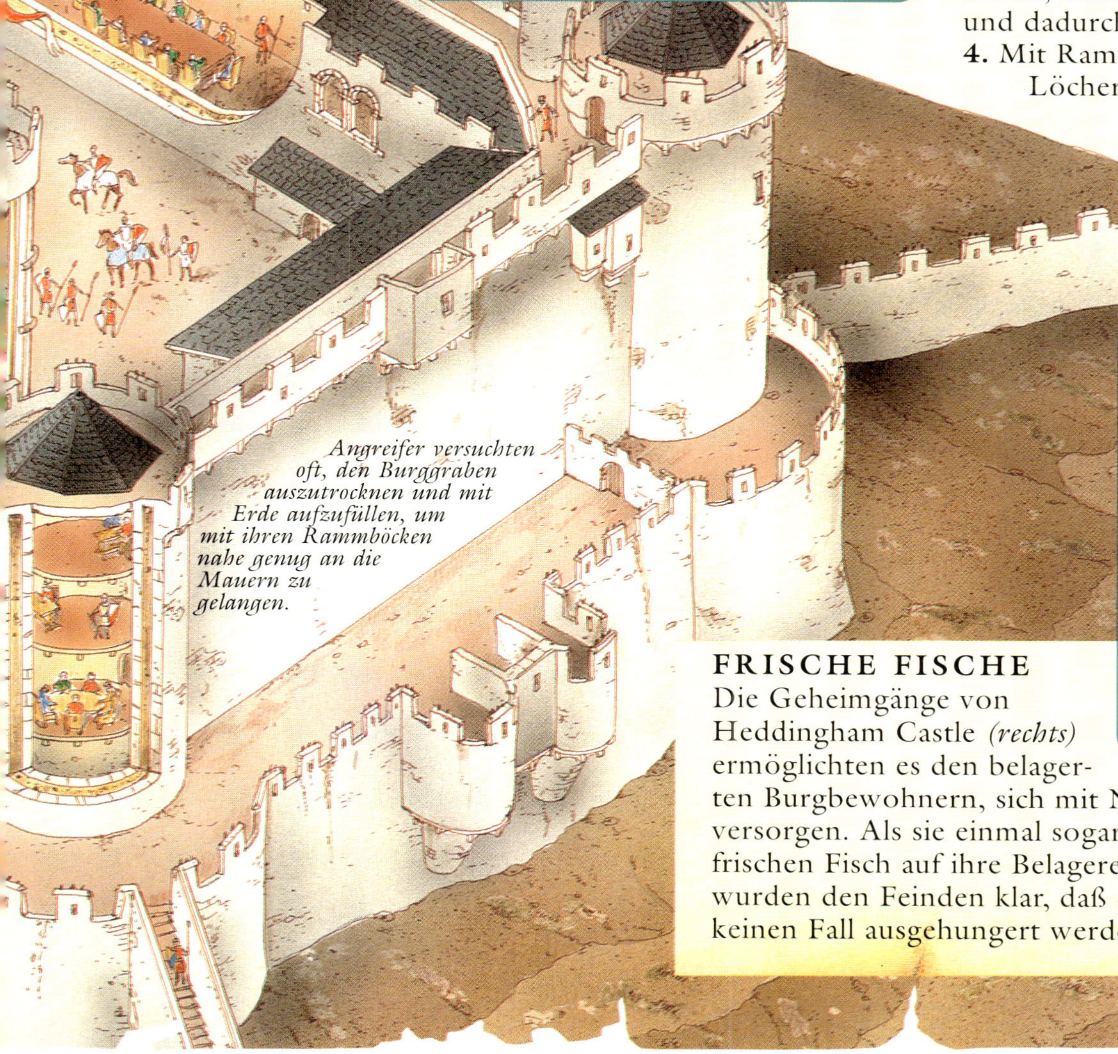

Angreifer versuchten oft, den Burggraben auszutrocknen und mit Erde aufzufüllen, um mit ihren Rammböcken nahe genug an die Mauern zu gelangen.

FRISCHE FISCHE

Die Geheimgänge von Heddingham Castle *(rechts)* ermöglichten es den belagerten Burgbewohnern, sich mit Nahrung zu versorgen. Als sie einmal sogar körbeweise frischen Fisch auf ihre Belagerer schütteten, wurden den Feinden klar, daß diese Burg auf keinen Fall ausgehungert werden konnte.

Auf dem Turnierplatz

Im Jahr 1292 verfaßte Eduard I. von England *(links)* ein Statut, durch das er hoffte, unnötige Verletzungen während eines Turnieres zu vermeiden. Doch 300 Jahre später gehörte das Lanzenstechen immer noch zu den gefährlichsten Wettkämpfen! Astrologen hatten König Heinrich II. von Frankreich ein frühes Ende vorhergesagt. Die Warnungen beunruhigten den Hof und auch die Königin. Aber der König war im Alter von vierzig Jahren gesund und munter und beachtete diese Warnungen nicht.

Im Sommer 1559 war Heinrich in Feierlaune. Calais war nach 211 Jahren englischer Herrschaft gerade an Frankreich zurückgegeben worden. Um das zu feiern, veranstaltete der König ein Turnier bei Tournelles, an dem er sich selbst beteiligte. Doch die Lanze seines Gegners zerbrach, und ein großer Splitter drang in Heinrichs Kopf ein, so daß der König innerhalb weniger Tage starb.

DIE ERSTEN TURNIERE wurden von zwei Mannschaften, bestehend aus etwa vierzig bis fünfzig Rittern, ausgetragen. Diese Kämpfe glichen echten Schlachten und konnten den ganzen Tag dauern! Papst Innozenz II. ächtete im Jahr 1130 Turniere als eine Gefahr für Leib und Leben und verweigerte jedem, der in einem Turnier ums Leben kam, ein christliches Begräbnis. Aber niemand kümmerte sich darum. Richard Löwenherz förderte Turniere sogar, denn er war der Meinung, seine Ritter bräuchten ausreichend Übung!

Heutiges Lanzenstechen (oben) *Die Übungen erfolgen auf traditionelle Weise mit einem Ziel, das an einem drehbaren Pfosten angebracht ist.*

***Lanzen** konnten für den Gegner sehr gefährlich sein, wenn sie zersplitterten.*

Das Streitroß
Das Pferd (oben) *war die wichtigste Ausrüstung für einen Ritter, aber auch die teuerste. Ein gutes Streitroß kostete mehr, als viele Menschen in ihrem ganzen Leben verdienten.*

DAS TURNIER
Bis zum Beginn des 13. Jh. wurden die blutigen Kämpfe zwischen vielen Rittern durch Turniere ersetzt. Hier herrschten strenge Regeln *(oben)*.

Für eine Herausforderung zu Pferde wurde der Turnierplatz durch einen niedrigen Zaun unterteilt. Von Herolden angekündigt, griffen sich zwei Ritter gegenseitig mit stumpfen Lanzen an. Gewinner war, wer seinen Gegner aus dem Sattel stoßen konnte.

Trag meine Farbe!
Den Turnieren wohnten nicht nur die Damen bei, sondern auch die Leute aus dem Volk. Vor dem Turnier erhielten die Ritter manchmal ein Band oder einen Schal von einer der Damen im Publikum, was „ihre Farbe tragen" genannt wurde (oben). *Jetzt kämpfte dieser Ritter für diese Dame, was er dadurch deutlich machte, daß er sich den Schal um den Arm band.*

Die schwere Rüstung
war reich verziert, und der Helm erlaubte nur geringe Sichtmöglichkeiten.

Das Donnern der Kanonen

Als im frühen 14. Jh. die ersten Kanonen erfunden wurden, hatte das einen größeren Einfluß auf die Kriegsführung als alle bisherigen Kampftaktiken. Bis zum Jahr 1425 gab es keine einzige Burg mehr, die nicht durch Kanonenfeuer bezwungen werden konnte.

Die Zeit der Ritter in Rüstungen ging zu Ende. Bis zum 17. Jahrhundert machte der zunehmende Gebrauch von Handfeuerwaffen Rüstungen überflüssig *(links)*. Das Ideal der Ritterlichkeit überlebte jedoch. Ritterliche Ehren wurden für Tapferkeit verliehen, und Ritterorden wurden noch immer bewundert.

DIE ERSTEN KANONEN wurden aus Bronze, Messing oder Eisen gegossen. Kanonenpulver – eine Mischung aus Sulfat, Holzkohle und Nitrat – wurde erst vor Ort hergestellt, denn es wäre zu gefährlich gewesen, es mit sich herumzutragen. Die Kanone wurde geladen, indem man das Pulver hineinschüttete und mit Watte unten hielt. Die Kanonenkugel aus Stein oder Metall kam als nächstes, sie wurde ins Rohr gerollt und mit mehr Watte gesichert.

***Zum Abfeuern der Kanone** wurde das Pulver durch ein kleines Loch an der Rückseite gezündet. Die Explosion stieß die Kugel aus dem Rohr auf das Ziel zu. Die Kanonenschützen wurden durch ein Holzbrett vor gegnerischen Pfeilen geschützt.*

Vorsicht vor dem großen Schlag!
Anfänglich explodierten auch die Kanonen selbst manchmal beim Abfeuern. Außerdem war das Entzünden des nur langsam brennenden Pulvers eine solche Glückssache, daß es fast unmöglich war, die Wirkung richtig einzuschätzen.

Ein Gipfeltreffen
Obwohl die Ritter keine mächtige Kraft mehr auf dem Schlachtfeld darstellten, wurden viele Gebräuche beibehalten. Im Jahr 1520 führte König Heinrich VIII. die Spitze der englischen Ritterschaft zu einem Treffen mit den französischen Rittern von François I. *(links)*. Die Turnierwettkämpfe und die Feiern sollten weniger die militärische Macht zeigen, als die Freundschaft zwischen England und Frankreich verdeutlichen.

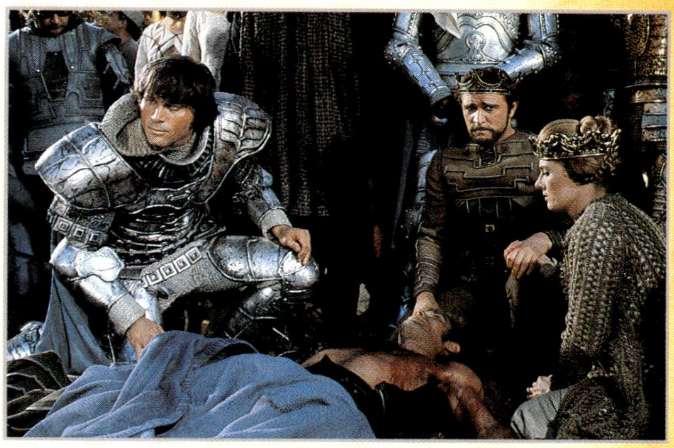

Fantasy Land
Die Gelehrten sind der Meinung, daß die echte Burg Camelot in der Gegend von Cornwall, Hampshire oder Somerset in England gestanden haben muß. In dem Musical „Camelot" wird der Hof von König Artus in ein singendes und tanzendes mittelalterliches Fantasy-Land verlegt (rechts).

Don Quichotte. Miguel Cervantes zeigte den Niedergang des spanischen Rittertums in seinem Roman „Don Quichotte de la Mancha" (1605–15). Diese Geschichte handelt von einem spanischen Landbesitzer, der eine Vorliebe für alte Rittergeschichten hat. Er wünscht sich, so zu leben wie die alten Ritter, nimmt den Namen Don Quichotte an und macht sich auf den Weg, um große Heldentaten zu vollbringen, begleitet von seinem treuen Freund Sancho Pansa *(links)*.

***Don Quichotte** greift Windmühlen anstelle von Riesen an und Schafherden statt Armeen. Als all seine Abenteuer sich als Narretei herausstellen, kehrt er nach Hause zurück.*

Erheben Sie sich, Sir Francis!
Die Ritterehre war nicht länger den berittenen Kriegern vorbehalten. Als Francis Drake am 4. April 1581 von seiner Weltumsegelung zurückkehrte, schlug ihn Königin Elizabeth an Bord seines Schiffes zum Ritter (rechts). *Zu der Zeit war er seit fast drei Jahren nicht mehr in die Nähe eines Pferdes gekommen!*

Die Kavallerie

Die Entwicklung der Feuerwaffen machte einen Ritter zu Pferde in einer offenen Schlacht überflüssig. Vorbei waren die Zeiten, in denen ein berittener Angriff auf angstvolles Fußvolk erfolgte – nun bildete ein Reiter ein zu leichtes Ziel für Kanonen und Gewehrfeuer.

Trotzdem bot das Pferd immer noch die schnellste Möglichkeit, voranzukommen. Alle Armeen brauchten bewegliche Streitkräfte zum Kundschaften, Verfolgen und um den Rückzug zu decken. Dies führte dazu, daß eine kleine Elitetruppe für diese Zwecke geschaffen wurde. Pferde waren allerdings teuer, so daß nur die Reichen es sich leisten konnten, der Kavallerie beizutreten. Doch egal ob reich oder arm, alle mußten zusammen üben und Befehle entgegennehmen. Es gab leichte und schwere Kavallerie und die Dragoner *(oben)*.

Österreichische Dragoner (rechts) *gehen während des Siebenjährigen Kriegs (1756–63) in Stellung. Um seine Muskete neu zu laden, mußte der Schütze vom Pferd steigen* (links).

FEURIGE DRAGONER

Die Dragoner gehörten ursprünglich zur berittenen Infanterie, bewaffnet mit einer kurzen, mit einem Drachenkopf verzierten Muskete.

Ein brutales Hackmesser

Die wichtigste Waffe der Kavallerie war der Säbel. Das war ein geschwungenes Schwert mit einer einzigen Schnittfläche, ideal um vom Rücken eines Pferdes aus einen Streich zu führen (links). *Der etwas geradere Säbel der schweren Kavallerie wurde nicht bei kunstvollen Fechtkämpfen eingesetzt, wie es gern in Filmen gezeigt wird. Die Soldaten sollten einfach nur auf das linke Ohr des Gegners zielen.*

Muskete eines Dragoners

Doyles Husar. Sir Arthur Conan Doyle, Erschaffer des berühmten Detektivs Sherlock Holmes, schrieb auch *Die Heldentaten des Brigadier Gerard*, eine Geschichte über einen heldenhaften französischen Husaren, der in Napoleons Armee kämpfte. Husaren in ihrer farbenprächtigen Uniform (S. 42) gehörten der leichten Kavallerie an und stammten ursprünglich aus Ungarn.

DER GROSSE SCHWEDE

Gustav Adolf (1595–1630, links) war der erste Befehlshaber, der die Kavallerie vollkommen in seine Armee eingliederte. Sie wurde von ihm wie ein Teil seiner Streitkräfte behandelt und nicht mehr als eine Spezialeinheit voller Privilegien.

Gar nicht verwegen! *Manche Bilder der Kavallerie des 16. Jh. zeigen Soldaten, die ihren Gegnern verwegen gegenübertreten. In Wirklichkeit bestand die übliche Taktik darin, daß der Soldat auf den Feind zuritt, einen einzigen Schuß abfeuerte und sich dann wieder zurückzog (genannt „Karakole“). Wohl kaum der Stoff aus dem die Helden sind!*

GRUPPEN BILDEN!

Zu Zeiten Napoleons bestand die übliche Verteidigungstaktik der Infanterie gegen die Kavallerie darin, sich zu einer Gruppe zusammenzuschließen *(oben)*. Um die Feuerkraft zu verstärken, knieten die Soldaten ganz außen, damit ihre Hintermänner ebenfalls schießen konnten. Um die Gewehre zu laden, zogen sich die Männer nach innen zurück.

Die Kavallerie Napoleons *wird meist in hübschen, ordentlichen Uniformen abgebildet, doch in Wirklichkeit kümmerten sich die Soldaten kaum um die Kleidervorschrift und waren oft schlammverschmiert. Der Duke of Wellington mußte seinen Männern angeblich verbieten, Regenschirme mit in die Schlacht zu nehmen.*

Schwert der Kavallerie

Die Konquistadoren

Um 1530 entdeckten Spanier in der Gegend des heutigen Peru das Inkareich. Dieser gut organisierte Staat hatte bereits über 1000 Jahre existiert. Konquistador (Eroberer) Francisco Pizarro war entschlossen, sich dieses Reich anzueignen. Im Jahr 1531 machte er sich mit 63 Reitern und 200 Soldaten zu Fuß auf den Weg. Die Inkas hatten vorher noch nie Feuerwaffen oder Pferde gesehen. Rücksichtslos machte sich Pizarros blutrünstige Bande von „Rittern der Neuen Welt“, *(unten)* in kaum einem Jahr zu Herrschern über 10 Millionen Inkas.

Die Ritter der Azteken
Obwohl sie keine Pferde besaßen, hatten auch die Azteken ihre Ritter, die Jaguar- und Adler-Krieger (oben). *Sie trugen eine Rüstung aus gestepptem Stoff und kämpften mit keulenartigen Schwertern, die mit harter Glaslava besetzt waren.*

Ein spanischer Sonnengott

Hernan Cortéz *(oben)* führte 1519 eine Armee von 600 Spaniern ins Land der Azteken. Diese hielten Cortéz anfänglich für den Sonnengott. Bis zum Jahr 1521 hatte er ihr Reich übernommen und ihre Hauptstadt zerstört.

Christliche Soldaten?

Die Spanier waren entsetzt, als sie herausfanden, daß die Azteken ihre Gefangenen den Göttern opferten *(links)*, doch die Konquistadoren selbst benahmen sich auch nicht wie echte Ritter. Sobald sie an der Macht waren, regierten die Spanier mit brutaler Gewalt. Ein einheimischer König wurde hinter einem Pferd hergeschleift und dann lebendig verbrannt. Tausende von Eingeborenen mußten dafür bis zu ihrem Tod in den Minen arbeiten.

GROSSE HUNDE

Durch die Ankunft von Pferden im 16. Jh. entwickelten sich viele Indianerstämme von Bauern zu jagenden Nomaden. Vorher war ihr größtes Lasttier ein wolfsähnlicher Hund. Auf ihm beförderten sie ihr Gepäck. Weil sie kein Wort für „Pferd“ kannten, nannten sie sie „große Hunde“.

Geschickte Reiter
Die amerikanischen Ureinwohner eigneten sich rasch die Fähigkeit zu reiten an. Viele von ihnen, wie dieser Krieger, entwickelten ein bemerkenswertes Geschick auf dem Rücken eines Pferdes.

DIE KRIEGER

In jedem der Prärie-Indianerstämme gab es eine besonders angesehene Gruppe, die Krieger. Wie die Ritter, errangen die Krieger den Respekt der anderen durch tapfere und gute Taten. Den Rang eines Kriegers konnte man anhand von Verzierungen an seiner Bekleidung, an der Art, wie er seine Adlerfedern trug und an Farbkennzeichnungen seines Pferdes erkennen.

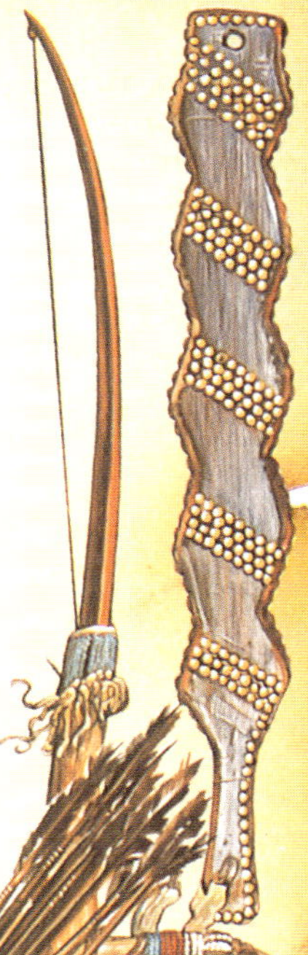

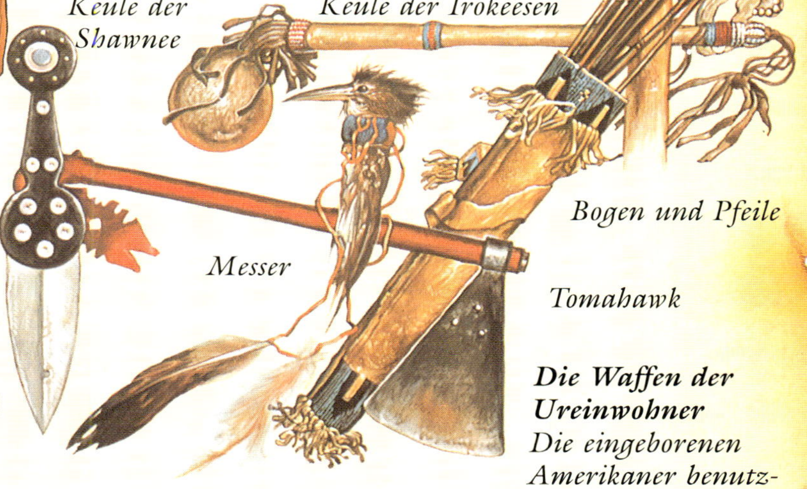

Die Waffen der Ureinwohner
Die eingeborenen Amerikaner benutzten im Krieg die gleichen Waffen, wie sie für die Jagd gebraucht wurden. Die meisten waren aus Holz und Knochen angefertigt. Obwohl die verschiedenen Stämme ihre eigenen Keulenformen entwickelten (oben), *wurde der kurze Bogen von fast allen Stämmen benutzt.*

Paul Reveres Ritt. Seit der Zeit der Jäger und Cowboys bis zu den Rodeoreitern von heute, haben die Pferde immer eine wichtige Rolle in Amerikas Kultur gespielt. Viele Reiter sind berühmte Volkshelden geworden.

Zu den bekanntesten unter ihnen gehört Paul Revere *(rechts)*, ein Silberschmied, der im Jahre 1775 einen eindrucksvollen Ritt von Charlestown nach Lexington in Massachusetts vollbrachte, um vor den anrückenden britischen Truppen zu warnen.

Kosaken und Ulanen

Die Kosaken *(links)* stammten von den asiatischen Eroberern des Mittelalters ab. Wie ihre Vorfahren waren sie ausgezeichnete Reiter, und ihre Regimenter waren die gefürchtetsten in der russischen Armee. Die Kosaken waren ein sehr freiheitsliebendes Volk, und viele verließen die UdSSR, nachdem sie im Bürgerkrieg von 1917–1922 gegen die Kommunisten gekämpft hatten. Nach dem Zweiten Weltkrieg wurden berittene Soldaten nur noch bei Paraden gebraucht.

Während des Ersten Weltkriegs hielten beide Seiten eine große Anzahl von berittenen Soldaten hinter den Frontlinien, die dort darauf warteten, einen Durchbruch zu starten. Viele Armeen, besonders die der Briten in Indien, hatten noch 1939 eine einsatzfähige Kavallerie.

DER REBELL PUGACHEV

Der Kriegsveteran Yemelyan Pugachev gab vor, der Ehemann von Zarin Katharina zu sein, von dem es hieß, er sei ermordet worden. Dadurch entfachte Pugachev einen großen Kosakenaufstand (1773–1775). Schließlich wurde er gefangengenommen, in einem eisernen Käfig nach Moskau gebracht *(links)* und hingerichtet.

Kosakentanz. Heutzutage sind das reiterliche Können und der Tanz der Kosaken auf der ganzen Welt durch Vorführungen bekannt. Auf dem Bild unten sieht man Männer bei diesem anstrengenden traditionellen Tanz.

PUKKA SAHIBS

Die Briten des Viktorianischen Zeitalters waren sehr stolz auf ihre indische Armee. Von Großbritannien aus, Tausende von Meilen entfernt, sahen die Paraden und schönen Uniformen herrlich aus. Doch in Wirklichkeit besaß diese Armee nicht einmal Artillerie, aus Furcht der Briten vor einem Aufstand.

Poloschläger und Ball

POLO

Die ritterlichen Traditionen der Aristokratie haben im Polospiel überlebt. Nur von Männern ausgetragen, nahm dieser Sport seine Anfänge in Persien und kam dann nach Indien. Hier wurde er von jungen Offizieren der Kavallerie aufgenommen, die den Sport 1869 in England einführten. Einem Hockeyspiel auf Pferderücken ähnlich, erfordert dieses Spiel äußerstes reiterliches Geschick. Eine noch gefährlichere Version wird in der Mongolei gespielt.

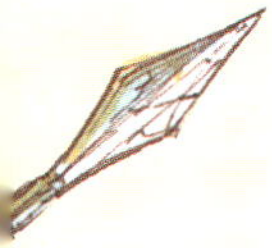

Ein bengalischer Ulan (großes Bild) *Die bengalischen Ulanen wurden eingesetzt, um die unruhige Grenze im Nordwesten Indiens zu bewachen.*

Polo (links) *ist ein Spiel für die Reichen geblieben!*

STIERKÄMPFE

Viele Reiter stehen den brutalen spanischen Stierkämpfen kritisch gegenüber. Beim Stierkampf reiten die *Picadores* auf Pferden, die durch eine Art Lederrüstung vor den Hörnern des Stieres geschützt werden, und schwächen den Stier durch Verletzungen, die sie ihm mit Lanzen zufügen. Berittene *Banderilleros* reizen den Stier weiter, bevor der *Matador* ihn mit dem Schwert tötet *(rechts)*.

Bockspringen
Das „Pferd", das heutzutage bei Turnübungen zum Bockspringen verwendet wird, wurde ursprünglich erfunden, damit die Angehörigen der Kavallerie das schnelle Aufsitzen üben konnten.

Die glorreichen Husaren *Die Kavallerieregimenter haben sich selbst immer als etwas Besonderes betrachtet, wie die aufwendige Uniform dieses britischen Husaren* (oben) *zeigt.*

„Im Tal des Todes ..."

Im Oktober 1854, während des Krimkrieges, unternahmen die Russen einen Vorstoß auf die britische Basis bei Balaclava. Während der folgenden Schlacht erhielt Lord Cardians Leichte Brigade einen irrtümlichen Befehl, die Kanonenstellungen am Ende eines Tals einzunehmen, das von feindlichen Gewehren bewacht wurde. Die 673 Männer der Leichten Brigade folgten diesem Befehl, wie dumm er auch sein mochte. Zehn Minuten später kehrten weniger als 200 Mann zurück. Dies war ein Beispiel dafür, wie nutzlos die Kavallerie inzwischen geworden war. „Sehr beeindruckend, aber kein Krieg", war der Kommentar eines französischen Journalisten dazu.

Die Blauröcke. Nur wenige berittene Streitkräfte der Geschichte waren so häufig das Thema von Romanen und Filmen wie die Kavallerie der Vereinigten Staaten von Amerika. In zahllosen Hollywoodfilmen werden die „Blauröcke" als tapfer und verwegen dargestellt – mit der Fähigkeit, genau im rechten Augenblick auf den Bergkuppen zu erscheinen, um unschuldige Opfer aus den Händen der Indianer zu befreien.

Der Mythos der Kavallerie

In Wirklichkeit war die Rolle, die die US-Kavallerie in den etwa 943 Schlachten mit Indianern von 1865–1898 spielte, alles andere als glorreich. Der Hinterhalt, in den die Sioux die 7. Kavallerie von General Custer am Little Big Horn (1876) führen konnten, kann als Beispiel für ein Versagen der US-Kavallerie dienen. Das Massaker von Sand Creek im Jahr 1864 zeigte eine andere Seite der Kavallerie, als eine riesige Armee die Dörfer von friedlichen Arapaho und Cheyenne angriff und unschuldige Männer, Frauen und Kinder tötete *(links).*

Sturmangriff der Leichten Brigade
Als die Leichte Brigade aufgrund des falsch verstandenen Befehls die russischen Kanonenstellungen angriff, wurde sie von drei Seiten beschossen, während sie zum Ende des Tals ritt. Als die Überlebenden schließlich das Ende des Tals erreichten, hatten sie keine Möglichkeit, die Kanonen außer Gefecht zu setzen, außerdem rannten sie geradewegs in die Arme der russischen Kavallerie (großes Bild)!

DAS „EISERNE PFERD"

Die Kavallerie *(oben)* bot den Gewehren und Kanonen ein viel zu leichtes Ziel, als daß sie eine wichtige Rolle im Amerikanischen Bürgerkrieg (1861-65) hätte spielen können. Die Reiter wurden nur zum Auskundschaften oder für Angriffe auf die gegnerische Kavallerie gebraucht. Im Juni 1863 trafen 10000 Mann der Konföderierten Kavallerie von J. E. B. Stuart auf 12000 Mann der Unions-Truppen. Doch selbst dieses gigantische Zusammentreffen hatte kaum Auswirkungen. Zwei Wochen später war es die Infanterie bei Gettysburg, die den Verlauf des Krieges nachhaltig bestimmte. Darüber hinaus hatte das Pferd einen neuen Rivalen. Von jetzt an konnten die Truppen auf andere Weise schneller zum Einsatz gebracht werden – mit dem „eisernen Pferd", der Eisenbahn.

***Die leichte Kavallerie** der Polen hatte trotz all ihrer Tapferkeit keine Chance gegen die deutschen Panzer* (rechts).

Die neue Kavallerie!
Ein Panzer aus dem Ersten Weltkrieg.

KAVALLERIE GEGEN PANZER

Das Gegenstück des Ritters ist im 20. Jh. der Panzer, und manche Regimenter behielten den Namen „Kavallerie", nachdem sie mit Panzern kämpften. Die deutschen und die polnischen Armeen hatten noch 1939 berittene Kavallerie. Die Deutschen erkannten jedoch rasch die Nutzlosigkeit eines berittenen Angriffs in der modernen Kriegsführung, so daß die 11. Kavallerie-Brigade der Polen völlig unterlag.

Die Legende lebt weiter

So wie Kanonen und Musketen die Zeit der Ritter in Rüstungen beendeten, war es das Maschinengewehr, das der Kavallerie den Todesstoß versetzte, und doch lebt der Mythos der berittenen Krieger weiter. Wir bezeichnen eine edle Tat als „ritterlich". In Großbritannien wird noch immer die Ritterehre für Verdienste um die Gesellschaft vergeben. Eine amerikanische Arbeiterorganisation im 19. Jahrhundert nannte sich selbst die „Ritter der Arbeit". Motorradfahrer nennen sich gern „Ritter der Straße". Es scheint, so lange es etwas zu verteidigen gibt, wird es Ritter geben, die die Herausforderung annehmen, selbst wenn sie ganz anders auftreten als die Ritter des Mittelalters.

***Piloten** folgten manchmal einer Art ritterlichem Ehrenkodex, wie zum Beispiel, kein unbewaffnetes Flugzeug anzugreifen.*

Ritter des Himmels

Die tödlichen Nahkämpfe des Ersten Weltkriegs glichen Turnieren in der Luft. Wie in einem Turnier gab es oft Mann-gegen-Mann-Kämpfe, in denen die Geschicklichkeit den Ausschlag gab und das leiseste Versehen ins Verderben führte *(links)*. Das Leben eines Piloten war jedoch alles andere als romantisch. Im Jahr 1917 konnte ein Pilot im Durchschnitt nur ungefähr 25 Minuten Flugzeit überleben, bevor er getötet wurde.

Moderne berittene Truppen
Selbst heutzutage werden Soldaten noch zu Pferde ausgebildet – hier übt ein französischer Kavallerist neben den Panzern seines Regiments (links).

SELTSAME EHRUNGEN

Zweimal im Jahr verteilt die britische Königin „Ehrungen“ an auserwählte Bürger. Manche gehören dann dem „Hosenbandorden“ an, einem Ritterorden, mit dem vor über 600 Jahren besonders geschickte Turnierkämpfer geehrt wurden. Viele werden zum Ritter geschlagen, obwohl sie noch nie in ihrem Leben ein Schwert in der Hand gehalten oder ein Pferd geritten haben!

Ritter der Straße
Motorradfahrer mit großem Freiheitssinn, die auf den Highways der Vereinigten Staaten von Amerika unterwegs sind, werden auch „Ritter der Straße“ genannt. Ihre Motorräder ersetzen das Pferd.

Rittergutsbesitzer
Manche schottischen Gutsbesitzer verfügen noch immer über das Land und die Burgen, die ihren Familien seit dem Mittelalter gehören (rechts).

Krieg der Sterne. Als George Lucas’ Film *Krieg der Sterne* im Jahre 1977 über die Leinwand flimmerte, wurde er zu einem der erfolgreichsten Filme aller Zeiten. Man sieht daran, daß die ritterlichen Mythen durchaus noch lebendig sind. Obwohl er in der Zukunft spielt, birgt der Dreiteiler viele Elemente aus den alten Legenden um König Arthur. Es geht um Treue und abtrünnige Ritter, mächtige Schwerter *(links)* und geheime Mächte von guter und böser Zauberkraft.

RITTER IN POLIZEIUNIFORM

Berittene Polizisten werden in vielen modernen Städten bei großen Menschenansammlungen eingesetzt. Die vielleicht berühmtesten sind die Angehörigen der „Royal Canadian Mounted Police“, kurz „Mounties“ genannt, in ihrer roten Uniform *(rechts)*. Sie sind nicht nur Gesetzeshüter, sondern das lebende Beispiel für die jahrhundertealte Faszination, die berittene Kämpfer für Recht und Ordnung ausüben.

Die Sprache der Ritter

Bushido: Japanisch für „Weg des Ritters“, der Ehrenkodex der Samurai.
Dragoner: Angehörige der berittenen Infanterie, die mit einer kurzen Muskete bewaffnet sind (engl. „dragon“ bedeutet „Muskete“).
Feudalismus: Der Herrscher bot Land und Schutz als Lohn für treu geleistete Dienste.
Harnisch: Panzerhemd aus eisernen Ringen.
Hellebarde: Waffe mit einem Axtblatt auf der einen Seite und einem Haken oder Dorn auf der anderen Seite.
Heraldik: Alles was mit Wappenkunde und Wappenkunst zusammenhängt.
Herold: Bote zwischen den Kriegsparteien,

Betreuer der Turniere und des Wappenwesens.
Infanterie: Fußtruppe.
Kavallerie: Reitertruppe.

Knappe: Junger Bediensteter des Ritters, der später selbst Ritter werden möchte, und so seine Ausbildung erhält.
Köcher: Behälter für Pfeile.
Kosaken: berittene russische Krieger, ursprünglich freie tatarische oder slawische Reiterverbände.
Konquistador: spanischer Eroberer.
Kreuzzüge: Feldzüge der Ritter, die das Heilige Land von den moslemischen Türken befreien sollten.
Minne: Liebende Verehrung der verheirateten Burgherrin durch einen Ritter, der seine Huldigung ohne Aussicht auf Erfüllung im Minnelied aussprach.
Pike: Verteidigungswaffe der Fußsoldaten; eine lange Stange mit einer Metallspitze
Ritterlichkeit: Der Ehrenkodex der Ritter untereinander.

Säbel: Geschwungenes Schwert mit einer einzigen Schnittfläche.
Samurai: Die Ritter Japans.
Sashimono: Die Heraldik der Samurai.
Schwertleite: Der feierliche Akt, durch den ein junger Adeliger zum Ritter erklärt wurde. Im Mittelpunkt stand dabei die feierliche Umgürtung mit dem Schwert.
Söldner: Soldat, der für Geld kämpft.
Sporen: Dorn aus Eisen, den ein Reiter am Absatz trägt, um ein Pferd damit zu kontrollieren.

Streitkolben: Waffe eines Ritters, eine Art gespickte Keule.
Turnier: Wettkampf zwischen zwei Rittern zu Pferde nach bestimmten Regeln.
Umgürtung: Siehe „Schwertleite“.
Wappen: Das persönliche Zeichen eines Ritters, auf dem Schild oder über der Rüstung getragen.

Zeittafel der Ritter

12000 v. Chr.: Die ersten Menschen beginnen, Pferde abzurichten.
3000 v. Chr.: Erfindung des Wagens *(links)* im Mittleren Osten.
1479 v. Chr.: Erste urkundlich erwähnte Schlacht in Meggido, bei der Wagen eingesetzt werden.
776 v. Chr.: Wagenrennen finden zum ersten Mal bei den Olympischen Spielen Erwähnung.
550 v. Chr.: Der Perserkönig Kyros der Große benutzt Kamele, um den lydischen König Krösus zu besiegen.
1. Jh. n. Chr.: Erfindung des Sattels
218 n. Chr.: Hannibal überquert mit seinen Elefanten die Alpen.
378 n. Chr.: Barbarische Reiter besiegen die Römer bei Adrianopel.
4. Jh. n. Chr.: Der Steigbügel wird in China erfunden.
5. bis 11. Jh.: Drei verschiedene Züge von Nomadenstämmen (wie z.B. die Hunnen, *oben rechts*) erobern Europa von Zentralasien aus.
6. Jh.: Hier hat wahrscheinlich der wirkliche König Artus, ein römisch-britischer König, gelebt.
7. bis 10. Jh.: Die Araber errichten ein moslemisches Reich von Spanien bis Persien.

8. bis 9. Jh.: Die Frankenkönige Karl Martell und Karl der Große entwickeln das frühe Feudalsystem.
900 bis 1400: Die Ritter beherrschen die europäischen Schlachtfelder. Die Heraldik entsteht *(links)*.
1040–1099: „El Cid" wird zu seinen Lebzeiten bereits eine Legende.
1066: Angelsächsische Fußsoldaten werden von normannischen Rittern bei der Schlacht von Hastings geschlagen.
1095: Papst Urban leitet mit seiner Predigt bei Clermont, Frankreich, die ersten Kreuzzüge ein.

12. Jh.: Geoffrey of Monmouth schafft die Legende von König Artus.
1185: Minamoto Yoritomo wird Shogun und leitet die siebenhundertjährige Herrschaft der Samurai in Japan ein.
13. Jh.: Dschinghis Khans Mongolen erobern Europa zu Pferde.
Mitte des 13. Jh.: Schuppenpanzer ersetzen Kettenhemden *(Mitte)*.
1307: Der Orden der Tempelritter wird von dem französischen König Philipp IV. aufgelöst.
14. Jh.: Die Erfindung von Schießpulver und Kanonen leitet das Ende von Burgen und Rittern ein.
1415: Die Bogenschützen von Heinrich V. besiegen die französischen Ritter bei der Schlacht von Agincourt.
1512: Französische Kanonen bei der Schlacht von Ravenna zeigen, daß mit Rittern keine Schlachten mehr zu gewinnen sind.
16. Jh.: Spanische Konquistadoren führen das Pferd in Amerika ein.
1600: Die amerikanischen Ureinwohner lernen Pferde abzurichten und zu reiten.
1605–15: Cervantes schreibt seinen Roman „Don Quichotte".
Um 1600: Gustav Adolf integriert die Kavallerie in die restliche Armee.
17. Jh.: Erstmaliger Einsatz von Dragonern, bewaffnet mit Handfeuerwaffen.
18.–19. Jh.: Die russische Armee kämpft mit Kosaken in der Kavallerie *(unten)*.
1914–1918: Im Ersten Weltkrieg gibt es die ersten Zweikämpfe zu Luft und die Erfindung des Panzers.
1939: Polnische Ulanen kämpfen auf verlorenem Posten gegen deutsche Panzer zu Beginn des Zweiten Weltkrieges.

Stichwortregister

Bildnachweis: Abkürzungen: o – oben, M – Mitte, u – unten, r – rechts, l – links.
Umschlag 4–5, 7 u, 10 ol, 12–13, 14 M, 18, 19 o, 25, 26 M, 28 M, 29, 32 o, 33, 37 o + M, 39 ur, 40 o + M, 43 o + ur – Mary Evans Picture Library; 6, 7 o, 15, 16, 17, 21 u, 31 M, 32 M, 36, 41, 44, 45 or + ur – Frank Spooner Pictures; 80, 21 o, 28–29 – Ancient Art & Verchitecture Collection; 8 l – Paramount Pictures (mit freundl. Gen. Kobal Collection); 9 – MGM (Kobal Collection); 19 u, 27 o + M – 20th Century Fox (mit freundl. Gen. Kobal Collection); 14 u, 31 o + u – Stewart Ross; 19 u, 27 o + M – Ronald Grant Archive; 23 + 42–43 – Bridgeman Art Library; 27 – Columbia/Warner (mit freundl. Gen. Kobal Collection); 28 o + ul + ur – Roger Vlitos; 30 – Eye Ubiquitous; 35 o – Hulton Deutsch; 35 M – Warner Brothers (mit freundl. Gen. Kobal Collection); 43 ul – Tom Donovan Military Pictures; 45 Ml – Lucas Films/20th Century Fox (mit freundl. Gen. Kobal Collection).